mini monde vivant

Les oiseaux

D1383545

Rebecca Sjonger et Bobbie Kalman

Traduction de Marie-Josée Brière

Catalogage avant publication de Bibliothèque et Archives nationales du Québec et Bibliothèque et Archives Canada

Sjonger, Rebecca

Les oiseaux

(Mini monde vivant)
Traduction de : Birds of all kinds.
Comprend un index.
Pour enfants de 5 à 8 ans.

ISBN 978-2-89579-475-2

1. Oiseaux - Ouvrages pour la jeunesse. I. Kalman, Bobbie. II. Titre. III. Collection : Kalman, Bobbie. Mini monde vivant.

QL676.2.S5614 2012   j598   C2012-940821-2

Dépôt légal – Bibliothèque et Archives nationales du Québec, 2012
Bibliothèque et Archives Canada, 2012

Titre original : *Birds of all kinds* de Rebecca Sjonger et Bobbie Kalman (ISBN 978-0-7787-2218-2) © 2005 Crabtree Publishing Company, 616, Welland Ave.,
St. Catharines, Ontario, Canada L2M 5V6

Recherche de photos
Crystal Sikkens

Conseillère
Patricia Loesche, Ph.D., Programme de comportement animal, Département de psychologie, Université de Washington

Illustrations
Barbara Bedell : pages 4 (cardinal et lagopède d'Écosse), 5 (manchot), 8 (chouettes, en haut), 10, 14, 16, 18 (œufs), 22, 27, 28 (casoar), 29, 30 et 32 (lagopède d'Écosse, oiseau en vol et œufs) ; Katherine Berti : pages 6, 7, 31 et 32 (colonne vertébrale) ; Jeannette McNaughton-Julich : page 4 (hirondelles, en haut) ; Margaret Amy Salter : page 32 (nid) ;
Bonna Rouse : pages 5 (sauf manchot), 12, 15, 18 (fou), 20, 24, 25, 26, 28 (autruches, en haut) et 32 (autruche, oiseau chasseur, carouge et poussin) ; Doug Swinamer : pages 8 (aile), 11 et 32 (plumes)

Photos
Dennis Nigel/Alpha Presse : page 11 ; Autres images : Adobe, Corel, Digital Stock, Digital Vision, Eyewire, Image Club Graphics et Photodisc

Direction : Andrée-Anne Gratton
Traduction : Marie-Josée Brière
Révision : Johanne Champagne
Mise en pages : Mardigrafe inc.

© Bayard Canada Livres inc. 2012

Nous reconnaissons l'aide financière du gouvernement du Canada par l'entremise du Fonds du livre du Canada (FLC)
pour des activités de développement de notre entreprise.

Conseil des Arts   Canada Council
du Canada   for the Arts

Bayard Canada Livres inc. remercie le Conseil des Arts du Canada du soutien accordé à son programme d'édition dans le cadre
du Programme des subventions globales aux éditeurs.

Cet ouvrage a été publié avec le soutien de la SODEC. Gouvernement du Québec – Programme de crédit d'impôt pour
l'édition de livres – Gestion SODEC.

Bayard Canada Livres
4475, rue Frontenac
Montréal (Québec) H2H 2S2
Téléphone : 514 844-2111 ou 1 866 844-2111
edition@bayardcanada.com
bayardlivres.ca

Imprimé au Canada

Table des matières

Des oiseaux de toutes sortes

Un oiseau est un animal qui a un bec et des **plumes**. Il y a de nombreuses espèces, ou sortes, d'oiseaux, qui vivent un peu partout dans le monde. Combien d'espèces d'oiseaux connais-tu ?

carouge à épaulettes

Certains oiseaux **se perchent** dans les arbres. Se percher, c'est se tenir dans un endroit élevé. Les cardinaux et les carouges à épaulettes, par exemple, se perchent dans les arbres.

cardinal

lagopède d'Écosse

Certains oiseaux restent près du sol. Ils ne **volent** presque jamais ! Les lagopèdes d'Écosse restent le plus souvent **au sol.**

Certains oiseaux chassent
d'autres animaux pour les
manger. C'est ce que font les
pygargues à tête blanche.

*manchot
empereur*

pygargue à tête blanche

Certains oiseaux sont
incapables de voler,
par exemple les manchots
et les autruches.

bernache du Canada

autruche

Certains oiseaux, comme les
bernaches, vivent près de l'eau.

Le corps des oiseaux

Les oiseaux ont deux ailes et deux pattes. Ce sont des animaux à sang chaud. Autrement dit, leur corps reste toujours chaud, même quand il fait froid autour d'eux.

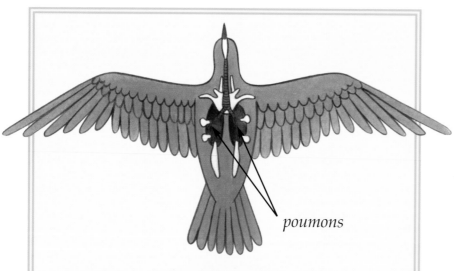

poumons

Respirer de l'air

Tous les oiseaux doivent respirer de l'air pour survivre. Ils respirent à l'aide d'organes appelés «poumons». Ces organes servent à faire entrer de l'air dans leur corps et à le faire ressortir. Tous les oiseaux ont deux poumons.

Les plumes permettent aux oiseaux de voler. Elles gardent aussi leur corps au chaud et au sec.

Les oiseaux ont deux pieds, dont ils se servent pour marcher. Certains oiseaux s'en servent aussi pour nager ou pour transporter de la nourriture.

Une colonne vertébrale

Tous les oiseaux ont une **colonne vertébrale.** C'est une série d'os au milieu de leur dos, à l'intérieur de leur corps.

colonne vertébrale

Le bec des oiseaux est très fort.

Les oiseaux ont deux ailes.

Les plumes

Le corps des oiseaux est couvert de plumes. Près de leur peau, de petites plumes douces appelées « duvet » les gardent au chaud.

Plumes au vent

Les oiseaux ont aussi des plumes raides et solides par-dessus leur duvet. Ces plumes leur permettent de voler.

Ce bébé buse est couvert de duvet. Quand il sera plus vieux, les plumes qui lui permettront de voler pousseront par-dessus son duvet. Il ressemblera alors à l'adulte qui se trouve à ses côtés sur la photo.

Les oiseaux qui peuvent voler ont des plumes raides et solides sur les ailes.

De toutes les couleurs !

Les plumes des oiseaux sont de différentes couleurs selon les espèces. Certains oiseaux ont des plumes dont la couleur se confond avec leur milieu. Ils peuvent ainsi se camoufler, ou se cacher, plus facilement. D'autres oiseaux sont très colorés. Les paons mâles, comme celui qu'on voit ci-dessous, ont des plumes de couleurs vives.

Certains hiboux se cachent dans les arbres pour chasser ou dormir. La couleur de leurs plumes leur permet de se camoufler.

Faits pour voler

La plupart des oiseaux peuvent voler. Ils se servent de leurs ailes pour décoller et atterrir. Quand ils sont dans les airs, les oiseaux battent des ailes de haut en bas pour avancer et changer de direction.

Les oiseaux doivent battre des ailes plusieurs fois pour pouvoir décoller.

Un corps léger

Les os des oiseaux sont creux. Ils ont des espaces vides à l'intérieur. Grâce à ces os creux, le corps des oiseaux est léger. C'est ce qui leur permet de voler.

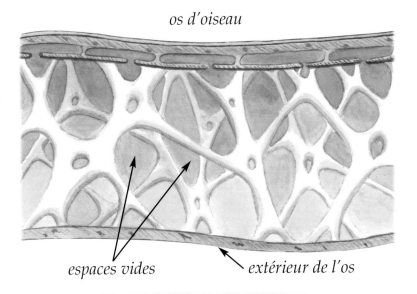

os d'oiseau

espaces vides

extérieur de l'os

Pourquoi voler ?

Voler, c'est un moyen de survivre. Quand les oiseaux ne trouvent pas de nourriture quelque part, ils peuvent facilement aller en chercher ailleurs. Ils peuvent aussi se sauver rapidement quand ils se font pourchasser par d'autres animaux. Ces oiseaux se sauvent d'un chacal qui cherche un bon repas !

Que mangent les oiseaux ?

Les oiseaux ne mangent pas tous les mêmes choses. Certains oiseaux sont herbivores. Ils se nourrissent de plantes ou de parties de plantes, comme les graines. D'autres oiseaux mangent des animaux. Les animaux qui mangent d'autres animaux portent le nom de « carnivores ».

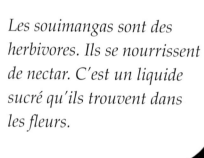

Les souimangas sont des herbivores. Ils se nourrissent de nectar. C'est un liquide sucré qu'ils trouvent dans les fleurs.

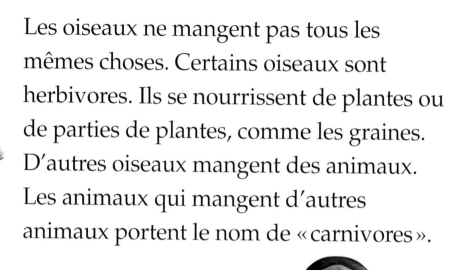

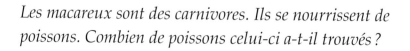

Les macareux sont des carnivores. Ils se nourrissent de poissons. Combien de poissons celui-ci a-t-il trouvés ?

À la recherche de nourriture

Les oiseaux n'aiment pas partager leurs repas ! La plupart des oiseaux cherchent leur nourriture seuls, mais certains se mettent en groupe. Ils peuvent ainsi trouver plus de nourriture.

Les oiseaux qu'on voit à droite sont des sternes pierregarins. Ces oiseaux cherchent parfois leur nourriture en groupe.

Nourrir les petits

Les parents doivent parfois nourrir eux-mêmes leurs petits, qu'on appelle des « **poussins** ». Ils vont chercher à manger à l'extérieur du nid. Quand ils reviennent avec de la nourriture, les poussins affamés ouvrent leur bec. Les parents y déposent de petits morceaux de nourriture.

Des oiseaux partout

On trouve des oiseaux presque partout sur la Terre. Il y en a dans des endroits secs, dans des endroits humides, dans des endroits chauds et dans des endroits froids. Les endroits où les animaux vivent dans la nature, ce sont leurs habitats. Les oiseaux peuvent avoir différents habitats, comme les forêts, les champs, les déserts ou le bord de l'eau. Certains oiseaux vivent même dans les régions les plus froides du monde, jusqu'en Antarctique!

Les oiseaux qui vivent dans un climat chaud ont souvent des plumes de couleurs vives.

Les manchots vivent dans l'eau glacée de l'Antarctique.

C'est un départ !

Certains oiseaux vivent dans des régions où les hivers sont très froids. À l'automne, quand la température baisse, la plupart de ces oiseaux font un très long voyage vers des endroits plus chauds. Ils restent dans ces endroits tout l'hiver et retournent chez eux au printemps.

Les bernaches du Canada vivent près de l'eau. Elles s'envolent vers des endroits plus chauds avant que l'eau gèle.

Des nids douillets

Cet oiseau fait son nid avec des brins d'herbe, qu'il transporte dans son bec.

La plupart des oiseaux construisent des **nids** pour pondre leurs **œufs**. Dans ces nids, les œufs sont au chaud et en sécurité. Quand les poussins sortent de leur œuf, ils vivent quelque temps dans le nid. Certains nids sont cachés dans des plantes ou des arbres feuillus. D'autres nids sont cachés sur le sol. Les oiseaux cachent leurs nids pour empêcher d'autres animaux de manger leurs œufs ou leurs petits.

Ce nid se trouve sur le sol. Il est bien caché dans les herbes et la terre.

Construire un nid

Les nids peuvent être de différentes formes et de différentes grosseurs. Selon les espèces, les oiseaux utilisent aussi différents matériaux. Ils peuvent construire leurs nids avec des feuilles, des brindilles, des plumes ou de la boue.

Ce tisserin a utilisé de la paille pour construire son nid, qui ressemble à un panier.

Ces aigrettes adultes ont construit un nid pour leurs petits avec des branches et des feuilles.

Les œufs et les poussins

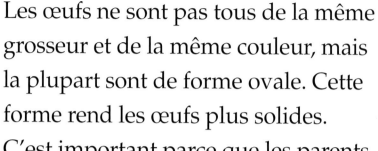
œuf de merle
d'Amérique

œuf de sterne

œuf de faisan

œuf de balbuzard

Les œufs ne sont pas tous de la même grosseur et de la même couleur, mais la plupart sont de forme ovale. Cette forme rend les œufs plus solides. C'est important parce que les parents s'assoient sur les œufs pour garder les poussins au chaud.

œuf de casoar

Ce fou à pieds bleus réchauffe ses œufs avec ses pieds.

Dans le nid

Après leur sortie de l'œuf, les poussins restent dans le nid quelque temps. Certains y restent quelques semaines, d'autres quelques mois. Les parents gardent leurs petits au chaud et en sécurité dans le nid. La plupart des parents restent avec les poussins jusqu'à ce qu'ils soient prêts à vivre seuls.

Ces poussins vont rester dans leur nid jusqu'à ce qu'ils aient appris à voler.

Dans les arbres

Les oiseaux qui se perchent dans les arbres ont de longs orteils qui peuvent s'enrouler autour des branches. Ces oiseaux percheurs construisent leurs nids dans les arbres. Ils trouvent de la nourriture près de l'endroit où ils vivent.

Beaucoup d'oiseaux percheurs sont plutôt petits.

Cette bergeronnette grise se nourrit d'insectes qui vivent dans les arbres.

Beaucoup d'oiseaux qui se perchent dans les arbres sont des oiseaux chanteurs. Ils chantent pour attirer certains oiseaux, mais aussi pour en éloigner d'autres. Ce moqueur est un oiseau chanteur.

dindon sauvage

 Sur le sol

poulet

Certains oiseaux vivent au sol et ne volent presque jamais. Leurs ailes ne sont pas très puissantes, mais leurs pattes et leurs pieds sont robustes. Ces oiseaux peuvent donc se déplacer en marchant. Les dindons et les poulets, par exemple, vivent au sol. Ils peuvent voler, mais seulement sur de courtes distances.

La vie par terre

Les oiseaux qui vivent sur le sol font souvent leur nid près du sol. C'est aussi là qu'ils cherchent leur nourriture. La plupart de ces oiseaux mangent des plantes et des insectes. L'oiseau qu'on voit ici est un francolin. Il se nourrit de baies, de plantes et d'insectes.

Dans l'eau

On appelle « **oiseaux aquatiques** » les oiseaux qui vivent près des rivières, des étangs, des lacs et des océans. Ce sont généralement de bons nageurs. Ils ont les pieds palmés, ce qui veut dire qu'ils ont de la peau entre les orteils. Ces pieds palmés leur sont utiles pour patauger dans l'eau. Beaucoup d'oiseaux aquatiques plongent sous l'eau pour trouver des poissons et d'autres aliments.

pieds palmés

Les cygnes trompettes se nourrissent uniquement de plantes. Tout en nageant, ils se mettent la tête sous l'eau pour trouver des plantes à manger.

Au bord de l'eau

Certains oiseaux font leur nid près des cours d'eau. Ils trouvent leur nourriture dans l'eau peu profonde. Ces oiseaux ont de longues pattes qui leur permettent de marcher dans l'eau. Ils ont aussi les orteils très écartés. Ils peuvent ainsi se tenir debout facilement dans le sable et la boue. Les oiseaux qui vivent au bord de l'eau ont un long bec mince.

Les oiseaux qui vivent près de l'eau attrapent de petits animaux avec leur bec, par exemple des vers et des crevettes minuscules.

Les oiseaux chasseurs

Le corps de certains oiseaux est fait pour chasser des animaux. Les **oiseaux chasseurs** volent très bien. Ils ont des griffes pointues et courbées appelées « serres ». Ces serres leur servent à attraper et à transporter leur nourriture. Les oiseaux qui chassent se servent de leur bec tranchant pour déchirer leur nourriture en morceaux avant de la manger.

Les pygargues à tête blanche, comme celui qu'on voit ici, attrapent des poissons et d'autres animaux avec leurs serres.

À la chasse

Certains oiseaux chassent pendant le jour. Comme ils ont une très bonne vue, ils peuvent voir les animaux qu'ils chassent de très haut dans le ciel. D'autres oiseaux chassent pendant la nuit. La plupart de ces oiseaux entendent très bien. Ainsi, les hiboux et les chouettes peuvent entendre les petits animaux qui se déplacent dans le noir.

Les serpentaires attrapent des serpents et d'autres animaux pour se nourrir. Ils piétinent ces animaux avec leurs pattes puissantes et leurs grands pieds.

Incapables de voler

Les oiseaux de quelques espèces sont incapables de voler. Ils ont de petites ailes et un gros corps. Leurs ailes ne sont pas assez puissantes pour leur permettre de soulever leur corps dans les airs. Les oiseaux qui ne volent pas doivent se déplacer en marchant ou en nageant. Ils ont donc des pattes et des pieds robustes.

Les casoars n'ont pas besoin de voler pour se sauver du danger. Ils attaquent leurs ennemis en se servant de leurs griffes bien aiguisées.

Les manchots battent des ailes pour nager sous l'eau.

Les kiwis ont des ailes réduites, tellement petites qu'on peut à peine les voir !

Les nandous ont de grandes ailes, mais ils sont incapables de voler. Ils battent parfois des ailes en courant. Mais c'est seulement pour changer de direction !

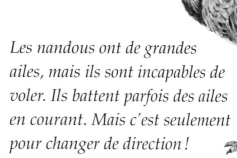

Grâce à ses pattes puissantes, l'autruche peut courir plus vite que n'importe quel autre oiseau.

À toi de jouer !

Certains oiseaux sont très différents de ceux que tu connais bien. Leurs plumes peuvent être longues ou pointues, ou encore très colorées. La plupart des oiseaux très colorés vivent dans des régions chaudes.

quetzal

grue couronnée

rollier à longs brins

Choisis les parties du corps

À toi de créer ton propre oiseau en combinant les parties du corps de deux ou trois oiseaux différents. Inspire-toi des oiseaux présentés dans ce livre.

De quoi aura l'air ton oiseau ?

Sera-t-il terne ou très coloré ?
Sa queue sera-t-elle longue ou courte ?
Pense à ce que ton oiseau mangera.
De quelle sorte de bec aura-t-il besoin ?
Aura-t-il un bec long et mince, ou court et recourbé ?
Ses pattes seront-elles longues ou courtes ?
Aura-t-il une couronne de plumes sur la tête ?

Dessine et colorie

Maintenant que tu as choisi l'apparence de ton oiseau, c'est le temps de le dessiner. Tu pourras ensuite colorier ton dessin avec des crayons ou de la peinture. Et pourquoi ne pas inviter tes amis à créer des oiseaux eux aussi ? Vous pourrez peut-être exposer vos dessins dans la classe, dans la bibliothèque ou dans un couloir de l'école.

Index et mots à retenir

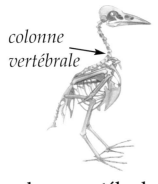
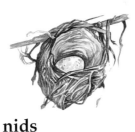

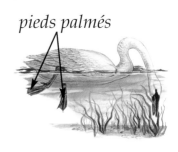